La Parure
Instinct et art populaire

Peter Herion

La Parure
Instinct et art populaire

Peter Herion
Edité par Hans Schöner

Maquette: Elke Schöner.
Conception: Agentur für Marketing,
Verkaufsförderung und Werbung
Hans Schöner, D-7535 Königsbach-Stein 1.
Composition et impression:
Konkordia Druck GmbH, 7580 Bühl/Baden.
Printed in West Germany / 4. 5. 1985
ISBN 3-923765-11-8

«Chant populaire de Dinkas»*

En ce temps-là, lorsque Dendid créa toute chose,
Il créa le soleil.
Et le soleil naquit, mourut, puis revint à nouveau.
Il créa la lune.
Et la lune naquit, mourut et revint à nouveau.
Il créa les étoiles,
Et les étoiles naquirent, moururent et revinrent à nouveau.
Il créa l'homme.
Et l'homme naquit, mourut et ne revint plus.

*   Dinka: un peuple de bergers du Soudan.

Introduction

La parure
instinct et
art populaire

La parure a une double signification:
C'est une transformation et une élé-
vation de la personne face à elle-
même tout comme un moyen de se
distinguer des autres.

Partant de cette citation du sociologue René König, on peut affirmer que l'instinct de paraître est ancré au plus profond de l'homme. Il y emploie divers artifices, habillement, maquillage, coiffure et divers objets de parures, bagues, colliers etc. La parure en soi est intéressante mais son but, sa motivation sont tout aussi importants au point que nous pouvons y voir des signes évidents de l'évolution de l'homme et de la société. L'évolution d'un être humain est visible, il y a dans sa façon d'être et de se présenter, une image qu'il projette révélant ses caractéristiques individuelles. La façon d'être révèle soit une volonté de changement, d'évolution ou de distanciation. L'apparence extérieure variera selon le caractère modeste ou vaniteux voire arrogant du sujet, son respect ou non de soi-même, sa timidité ou son agressivité, etc.

Ceci dit et sans vouloir prétendre à une généralisation absolue et rigide, force est de reconnaître qu'un bijou, une décoration, un uniforme ont des significations précises et vont jusqu'à déterminer un comportement, signaler un statut social, une autorité ou une préséance. Dans le sujet qui nous intéresse ici, la parure chez des peuples dits primitifs, celle-ci peut atteindre des dimensions magiques et féériques. Mais ne nous leurrons pas. Notre civilisation occidentale aussi et jusqu'à nos jours, a toujours donné une importante signification à l'apparence et celle-ci a une influence certaine sur le comportement privé ou publique.

Deux constantes dominent l'existence de l'homme et sa vie quotidienne: l'instinct magique de la chasse, pris dans un sens large, c'est-à-dire besoin impératif de survie, donc: recherche du gibier, élevage, culture, et d'autre part le mystère de la procréation c'est-à-dire la survivance de la famille, de la tribu ou de la race. Éléments de religion qui impliquent une communication possible avec le surnaturel et de là, la croyance en de bons esprits et mauvais démons. L'intimité avec l'amulette ou le talisman, la possession d'objets à valeur magique, la parure dans son sens global, si artistique que cela soit, sont magiques dans leur essence.

L'intention de se parer trouve bien sa motivation dans une nécessité de changer son apparence pour s'élever dans l'échelle sociale ou se différencier. Celui qui agit de la sorte fortifie sa propre personnalité et éveillera curiosité, envie ou respect. Cette décision le confortera vis-à-vis de soi: le bijou, le maquillage, la coiffure,

l'habillement ont de tous temps rempli ce rôle.

Si l'homme peut lui-même décider de sa parure, cet acte peut aussi venir des autres et cela prend une signification sociale ou religieuse.

Ainsi chez nous, une remise de décoration, le couronnement d'un roi ou le sacre d'un pape sont la preuve visible de cette élévation dont nous parlions plus haut.

Si le fait de soigner sa propre apparence relève d'une envie, d'un besoin d'atteindre un but, lorsque cet acte vient d'une décision de l'entourage, il est évident qu'il s'agit d'une valorisation personnelle importante, d'une consécration. L'idée, l'acte, le processus de la parure naîssent bien donc d'une volonté de changement et de promotion.

Le bijou en tant qu'élément décoratif est une émanation visible, bien souvent inconsciente, de la personnalité. Plaisir narcissique, son port sera alors la quête d'un contentement personnel, d'une affirmation où d'une confirmation de l'image que l'on désire de soi. Mais cela peut être aussi désir de se différencier, de se faire remarquer, d'être envié, désiré.

Dès l'instant où cet instinct de paraître, ce désir de se faire voir est évident, le geste prend une dimension sociale. Le sujet tend à délivrer un message, à informer son entourage qu'il est autre, plus beau, meilleur, plus attirant, plus fort, plus désirable. La parure devient un moyen d'attirer l'attention, de surpasser les autres, rivaux ou ennemis, d'aveugler et finalement de triompher.

Cet instinct de parade est parfaitement dans la nature de l'homme, que cela soit pour influencer un entourage ou, sur le plan des rapports individuels, dans une opération de séduction pour conquérir ou être conquis.

Bien entendu la parure ne sert pas uniquement à la séduction ; elle est aussi un moyen d'intimidation. Pensons aux Indiens d'Amérique du Nord dont les peintures du visage et les coiffures servaient à terrifier l'ennemi. Nous trouverons souvent des bijoux magiques dont le but est d'impressionner.

Dans notre civilisation, l'intention est plus douteuse si le port d'un bijou de grand prix reflète l'intention d'écraser son entourage du poids de sa propre richesse.

Ordres, médailles, ou autres décorations de notre civilisation sont des ressurgences des temps anciens où certains bijoux honoraient certains personnages et les distinguaient de leur entourage.

Mais il s'agit là d'une parure décernée par d'autres ce qui en augmente la signification.

Le bijou dans son acceptation la plus traditionnelle peut être considéré comme une pièce décorative ou un accessoire. On peut le fabriquer soi-même, le faire faire ou l'acquérir tel quel. Mais le fait de le posséder implique déjà une personnalisation de l'objet et son identification avec son propriétaire ou ses propriétaires (bijoux de famille).

La personne qui porte un bijou ou toute autre parure dans l'intention de rehausser sa personnalité et le but

d'apparaître vis-à-vis de son entourage, saura ou devra choisir l'objet décoratif correspondant au personnage exigé par sa condition, mais aussi par son entourage (sa tribu par exemple).

La valeur vénale de l'objet n'est ou ne devrait pas être un élément d'appréciation. Dans les régions que ce livre traverse, une plume de couleur, une griffe ou une dent d'animal, un coquillage, une perle de verre, une branche de corail, tous ces éléments pauvres vénalement, prennent des valeurs mythiques et signifient plus que le diamant parfois chèrement payé (mais c'est un investissement) et richement monté.

Ceci dit, l'or, l'argent, les perles et les pierres restent toujours synonymes de richesse. Ce mythe de la préciosité de la pierre ou du métal remonte à la préhistoire. L'or-soleil ou l'argent-lune apparaîssent dès les premières civilisations préhistoriques. Les pierres précieuses, que ce soit dans l'Ancien Testament, le Moyen-Age chrétien ou les mythologies asiatiques, sont toujours viatiques d'un contenu magique et signes de vertus. L'or, l'argent, les perles et les pierres précieuses conservent jusqu'à nos jours de civilisation matérialiste une valeur quasi magique. En conséquence nous devrions attacher plus d'importance à la relation entre le bijou et celui ou celle qui le portent qu'à la valeur propre de l'objet en dollars.

Le bijou-cadeau possède encore un autre sens. C'est un signe de connivence entre celui qui donne et celui qui reçoit. Le joyau offert devient un symbole d'amitié, de tendresse, d'amour. Il valorise une harmonie, consacre une entente mutuelle.

Mais il peut aussi être l'expression de l'ambition personnelle du donateur et de son désir de démontrer sa richesse ou sa puissance.

Parer la personne qui le portera passe au second plan, l'important est le „message" transmis: il s'agit d'exposer publiquement la position du donateur. Cette démarche assez courante dans notre monde moderne se retrouve aussi dans des civilisations plus anciennes et plus primitives, un instinct donc identique.

Le bijou, un peu partout et de tous temps, a été aussi un mode de paiement. Dans ce but on utilisera non seulement des pièces d'or et d'argent montées en bijoux mais aussi des anneaux, des coquillages, des colliers de métal précieux ou de verre, des boucles ou des boutons servant à parer les habits tradition-

nels. L'exposition de ces richesses interviendra lors de tractations matrimoniales servant à mettre en valeur l'importance ou l'opulence des conjoints. Le bijou peut encore porter, visible ou non, un portrait. Cela implique une intimité plus grande entre celui qui donne et celui qui reçoit, crée un lien d'affection, d'amour ou de souvenir. La parure dans sa généralité a donc de multiples origines, des buts divers. Quel que soit le matériau utilisé, diamant ou bout d'étoffe, il a une signification qui lui donne sa vraie valeur. C'est un moyen de communication qui remonte à la nuit des temps: communication entre les êtres ou les sociétés. L'effet magique que l'on y met peut être positif ou négatif, affectif ou social, mais il rejoint l'instinct de se distinguer qui habite les hommes et la société.

«Ce qui pousse l'homme à parer son corps»

Préface de Peter Herion

Un des besoins les plus profonds de l'homme est de changer son aspect à son avantage. L'habit et surtout la parure y contribuent spectaculairement.

L'important d'une parure ne dépend pas seulement du matériau ou de la forme, mais souvent de la signification religieuse ou mentale qu'en donnent les peuples.

Plus simple et plus primitif est l'environnement d'un individu, plus grand est son désir de s'en échapper. Et c'est précisément la parure qui facilite cette «fuite». On se pare pour être beau, pour se distinguer de la masse des semblables.

Mais on se pare aussi par culte du surnaturel. Dans beaucoup de tribus africaines, par exemple, les hommes portent des coquillages pour se parer bien sûr, mais également pour éveiller les forces magiques. Le coquillage peut alors attirer des regards ou repousser les mauvais esprits.

Souvent le bijou a une valeur de signal, c'est-à-dire qu'il permet d'identifier l'appartenance à une tribu. A l'intérieur de la tribu, le bijou signalera, en plus, le statut social de son propriétaire.

Le bijou permet également de différencier jeunes filles et femmes mariées, ces dernières ayant le privilège de porter des bijoux d'une valeur beaucoup plus importante. Chez beaucoup de peuples il fait partie de la dot de la femme et lui confère assurance et une certaine indépendance. La vue de cette dot, que l'on expose dans certaines tribus, permet au fiancé de choisir un «bon parti».

Plusieurs peuples de paysans ou de nomades investissent leurs économies dans les bijoux en guise de réserves pour le temps des vaches maigres, cependant du fait de leurs voyages incessants, les nomades ne développent pas une quelconque forme d'expression architecturale ou artistique qu'une vie sédentaire aurait permise. Pas trace chez eux de sculpture sur bois, principal décor d'un habitat inexistant, ni de bijouterie à base de fonte de métal qui demande une installation fixe. Toute leur créativité artisanale se réduit exclusivement à leurs parures et à la décoration des objets usuels de la vie quotidienne.

Les différents genres de parures

Les amulettes

Chez de nombreux peuples primitifs, le bijou, en plus de son but ornemental, a souvent un rôle d'amulette ou de talisman: pour se protéger du mal et attirer le bien.

La croyance à la force de l'amulette est encore bien vivante tant en Afrique qu'en Asie.

Une amulette ou un talisman sont constitués de matériaux divers: plume, cuir, griffe, dent, bois, métal, etc. . . . . Même de simples cailloux portés comme des bijoux prennent une importance magique. Au Ladakh comme au Népal, on porte des coffrets d'amulettes en argent, souvent richement décorés de turquoise et de coraux. Ils contiennent des reliques et des prières manuscrites. Telle la prière bouddhiste favorite: «Om mani pad me hum» Librement traduite: «Oh mon joyau dans la fleur de lotus»

Les bijoux, «prix de mariage»

Dans beaucoup de tribus, le marié doit payer aux parents de la mariée un «prix de mariage». L'importance de celui-ci, un bijou, sera déterminée par l'importance de l'union, du statut social des époux. Ce bijou «prix du mariage» ainsi que ceux dont elle pourrait hériter, restent toujours propriété de la femme.

Les matériaux des parures

De multiples sortes de matériaux sont transformés en bijoux: or, argent, platine, laiton, bronze, cuivre, aluminium, fer, bois, coquillages, coraux, ivoire, coquille d'œufs d'autruche, boutons, paille, verre, terre cuite, plumes, corne, cuir, pierres, perles ou fruits. Diverses couleurs végétales ou minérales et graisses sont employées pour le maquillage ou la peinture du corps. L'escargot cauris, souvent utilisé comme bijou, est aussi bien un joyau, symbole de la fertilité, qu'un moyen de paiement.

Monté en collier, il a, dans une bonne partie de l'Afrique et de l'Asie, la parité fixe d'une monnaie. On porte des bijoux sur presque toutes les parties du corps. On constate souvent une volonté de symétrie: que se soit dans une coiffure, aux deux oreilles, aux bras, aux poignets ou aux chevilles.

En dehors des bijoux eux-mêmes, d'autres éléments décoratifs jouent chez beaucoup de peuples un grand rôle: décoration du corps, coiffures, peintures, tatouages ou dessins cicatriciels.

Ornement: tatouages et cicatrices

Si les hommes à peau claire choisissent un tatouage coloré et en surface, les hommes de couleur utilisent le tatouage par cicatrices, c'est-à-dire que l'on grave ou que l'on taille à même la chair. C'est un procédé douloureux, mais le désir de paraître est plus fort que la douleur.

Le tatouage cicatriciel peut aussi bien être décoratif que significatif de l'appartenance tribale. L'homme ainsi marqué reste toute une vie lié à une tribu.

On procède au tatouage par cicatrices chez les jeunes gens au moment de leur maturité sexuelle.

Les bijoux de lèvres, d'oreilles et de nez.

Ceux-ci sont, en plus des tatouages,

d'autres formes de l'ornement du corps. Sous bijoux de lèvres on comprend les disques ou fiches insérés dans les lèvres supérieures ou inférieures. Dès l'enfance, on troue les lèvres avec une épine. Peu à peu on agrandit ce trou avec des tiges de maïs ou de millet. Plus tard on utilise des fiches en bois, enfin des plateaux en terre cuite, en pierre ou en métal.

Il existe deux raisons prépondérantes quant aux raisons d'un tel procédé:

1. Lorsqu'en Afrique le marché d'esclaves florissait encore, les jeunes filles et femmes ne voyaient qu'un moyen d'échapper à leur destin: elles s'enlaidissaient elles-mêmes par leurs plateaux surdimensionnés et devenaient ainsi inintéressantes pour les marchands d'esclaves.
De là s'est développée peu à peu une mode tribale maintenue encore aujourd'hui par exemple chez les Moursis et les Surmas en Ethiopie du Sud ou chez les Saras au Tchad.

2. Toutes les ouvertures du corps, par lesquelles un échange se fait entre l'intérieur du corps et le monde extérieur, étaient tenues pour magiques. C'est à ces endroits qu'il fallait donc se protéger des mauvais esprits. Ainsi les bijoux de la bouche, du nez et des oreilles sont aussi des bijoux de protection et de défense.

Le processus est identique pour les bijoux d'oreilles, le lobe est percé et systématiquement agrandi. Dans les trous, on pique des disques en terre

cuite ou en bois, par exemple chez les Moursis et Surmas en Ethiopie du Sud.

Souvent on perce tout le pourtour de la conque de l'oreille, que l'on décore avec des anneaux de toutes les grandeurs. Cette façon de se parer est surtout fréquente chez les Dogons et Fulbes du Mali.

Des aiguilles d'oreilles sont destinées à empêcher les mauvais esprits à pénétrer dans le corps.

En Afrique du Nord et aux Indes, on trouve encore souvent des bijoux de nez qui sont fixés à l'arête du nez ou aux narines. Le nez est orné alors d'anneaux, de boutons ou de bracelets, souvent aussi de pierres précieuses comme par exemple au Ladakh.

C'est la croyance en la force d'une amulette et par voie de conséquence d'un bijou qui suscite dans presque toutes les tribus, la créativité et détermine la forme de ces parures. La croyance aux esprits que ces peuples gardent depuis les temps préhistoriques, fixera les caractéristiques traditionnelles, le style et les formes perpétués jusqu'à ce jour.

Ce bijou «primitif» qui est en relation étroite et spirituelle avec son propriétaire, exerce sur nous, «civilisés», une fascination exceptionnelle. Car si, chez nous, le bijou n'est souvent qu'ornement ou investissement, chez les peuples primitifs par contre, il représente une partie importante de leur être et de leur vie.

Afrique

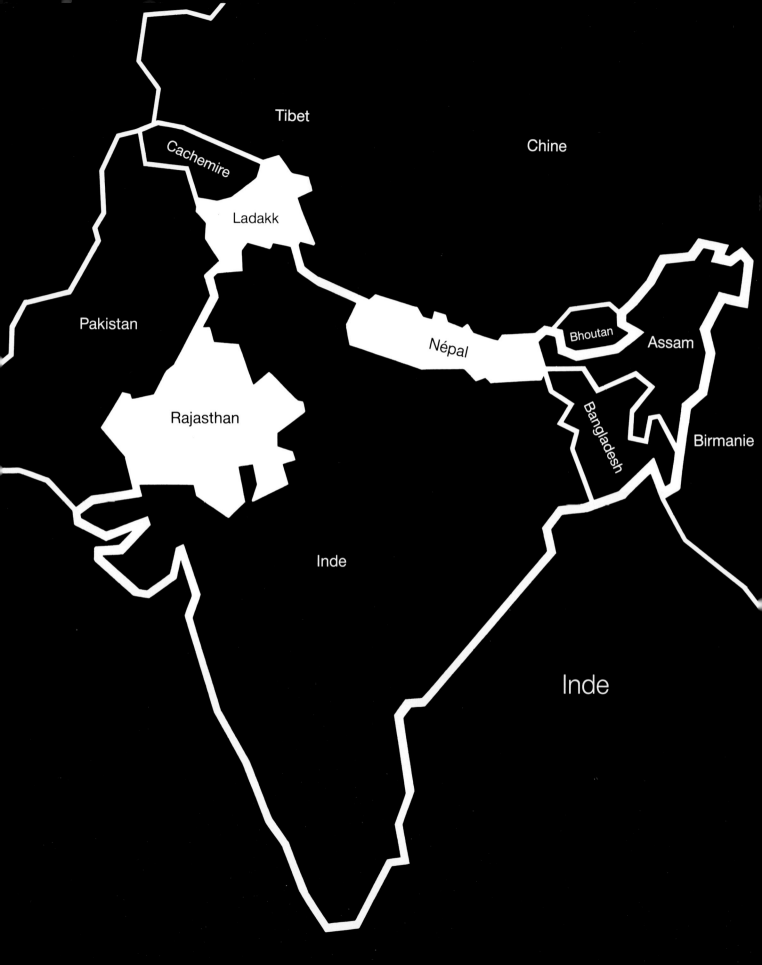

MALI

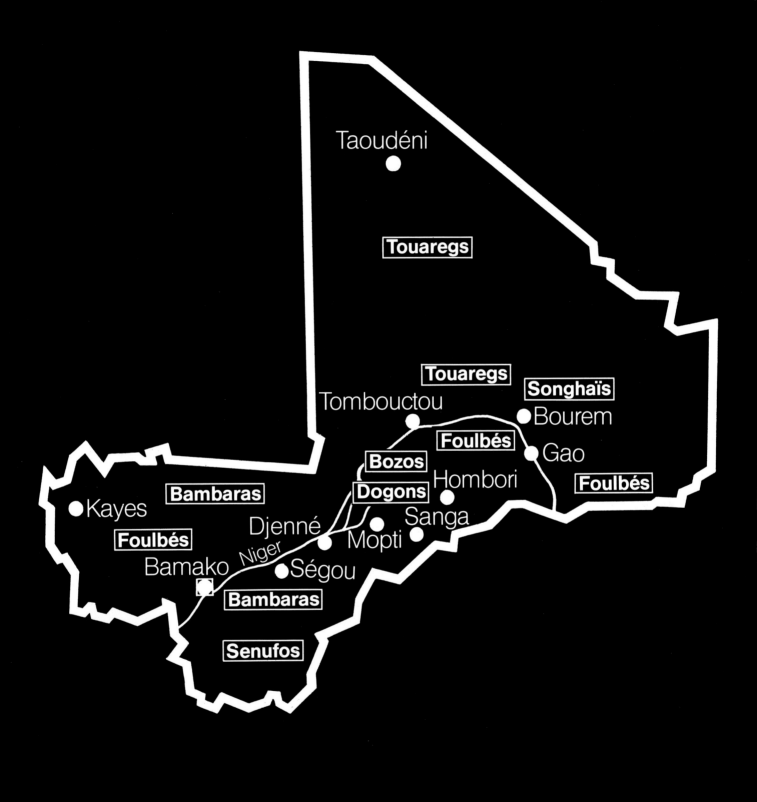

Taoudéni

Touaregs

Touaregs

Songhaïs

Tombouctou

Bourem

Foulbés

Gao

Bozos

Hombori

Foulbés

Bambaras

Dogons

Kayes

Sanga

Djenné

Foulbés

Mopti

Niger

Bamako

Ségou

Bambaras

Senufos

Le Mali fut le nom d'un royaume qui s'étendait au XVIème siècle de l'Atlantique jusqu'au Tchad. La partie nord se perd dans le Sahara, celle du sud s'enfonce dans une savane humide arrosée par le Niger. Le paysage du Mali passe du désert du Sahel, à la savane sèche jusqu'à la savane humide.

Dans cet immense territoire alternent les étendues de plaine, les massifs tabulaires, les régions très escarpées aux pics pointus et vallées profondes. Du centre part la falaise abrupte de Bandiagara qui bifurque vers l'est par les monts Gandamia jusqu'à Hombori. A l'ouest près de Bamako, nous apercevons les montagnes tabulaires du Mandingo et à l'extrême nord-est, les hauts-plateaux de l'Adrar des Iforas. Le Niger qui parcourt la partie sud du Mali forme dans la zone désertique du Sahel de nombreux méandres.

Le Mali nous offre un kaléidoscope de races, peuples et langues. Dans la région de Gao au nord de Tombouctou se situe la patrie des Touaregs qui mènent une vie de nomades. Le long du Niger, nous rencontrons les paysans et pêcheurs des tribus de Songhaï et Bozo ainsi que celles des Markas et Bambaras. Les Dogons, une des tribus les plus intéressantes du Mali vivent dans les falaises de Bandiagara. Le nord du Mali est très fortement empreint des influences de l'Afrique du Nord ce qui s'exprime surtout dans son style d'architecture dit: «du Soudan».

Au sud et à l'ouest vivent les Malinkes. A la frontière avec la Haute-Volta et la Côte d'Ivoire, nous trouvons des animistes, nom qui leur vient de leur croyance que toute chose a une âme, comme l'homme.

Ceci explique dans une grande mesure les traditions tribales ou religieuses basées sur la croyance aux esprits, l'adoration des ancêtres. Les danses, les rites, les masques aussi définissent la «liturgie» accompagnant les festivités initiatiques, maritales ou mortuaires qui ponctuent la vie tribale. Les habits, les parures, les coiffures sont d'une diversité étonnante, la forme d'une coiffure détermine l'appartenance à une tribu. C'est chez les femmes Foulbés que nous rencontrons les plus belles, leurs cheveux sont divisés en de multiples tresses dans lesquelles on enfile des billes d'ambre, des coraux, des perles de verre, des pièces de monnaie et autres bijoux en argent.

L'orfèvrerie au Mali est issue d'une longue tradition. Aux marchés de Djenné et de Mopti, nous pouvons admirer les femmes Foulbés qui portent d'énormes boucles d'oreilles en or et de somptueux bijoux autour du cou. On peut y voir aussi les habiles artisans dans leur échoppe d'orfèvrerie, fabriquer sous nos yeux ces merveilleux bijoux.

Les Touaregs, un peuple de nomades très fiers, et dans le temps, craints pour leur qualité guerrière, portent sur leurs poitrines des bourses en cuir richement décorées, de même des anneaux autour des bras et des colliers également faits de cuir. Pour se protéger de la magie du «regard méchant», ils utilisent des pendentifs triangulaires et des boîtes cubiques pour les amulettes; celles-ci sont en argent ou en laiton richement ciselés. Le sens poussé du décor chez les Touaregs se retrouve jusque sur les selles des chameaux. La Takuba, l'épée typique des Touaregs, fait, par ses ciselures et incrustations de cuir, toute la fierté de son propriétaire.

Dans le sud du Mali, on préférera, comme bijoux, les escargots cauris, les gourmettes pour les chevilles, les anneaux de bronze pour les bras; les bagues représentent souvent des animaux, tels que tortues ou serpents. La sculpture sur bois y est aussi développée. Les masques et statuettes des Dogons, Senoufos et Bambaras en donnent un fameux exemple. C'est au Mali que nous prenons vraiment conscience de l'importance de la parure, non pas en tant qu'élément décoratif, mais bien en tant que signification ethnique ou tribale.

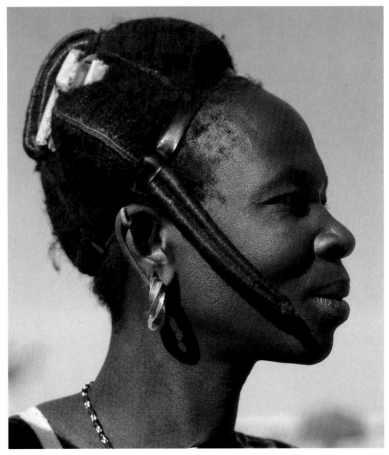

CAMEROUN

Lac Tchad

Parc de Waza

Kirdis

Mts. du Mandara ▲

Bornous

Garoua ●

Bénoué

Parc National de Faro

Parc National de Bénoué

Massif de l'Adamoua ▲
1960 m

● N'Gaoundéré

Lom

Bamilékés ●

Foumban

Boumes

Mt. Cameroun
4070 m

Douala ▣

Sanaga

● Yaoundé

Lobé

Le Cameroun, carrefour entre l'Afrique de l'Ouest et de l'Est, est souvent nommé «le cœur de l'Afrique». Il réunit toute la complexité du continent africain: des forêts tropicales au sud, des savanes, des steppes et des paysages bizarrement volcaniques au nord, de grandes réserves de chasse encore inviolées et surtout, une variété multiple et colorée de population.

Les peuplades les plus connues sont les Foulbés, Kirdis, Tikars, Bamoums et Bamilékés qui, toutes, sont à l'origine d'un art et d'une culture très riches.

Très tôt le matin, nous sommes partis de

N'Djaména, la capitale de la République du Tchad, sur un bac primitif, et nous traversons le Chari qui forme une frontière naturelle entre le Tchad et le Cameroun; c'est à la dernière lumière du jour que nous arrivons au campement du Parc de Waza au nord du Cameroun. Le Parc de Waza, une des plus grandes réserves d'animaux protégés du Cameroun, est peuplé de nombreux buffles, antilopes, girafes et éléphants.

Notre prochain but est la chaîne de Mandara, grandiose paysage de montagnes qui sont habitées surtout par les Kirdis (aussi nommés Matakams). Ils sont connus pour leur art d'extraire le minerai de fer. Pour cela

ils ont construit des hauts fourneaux. Les forgerons de Matakan sont les derniers témoins d'un temps passé, car, ici comme ailleurs, la civilisation pénètre et décourage les fils d'exercer et poursuivre le métier artisanal de leurs pères. C'est d'autant plus regrettable que les forgerons étaient considérés par les membres de leur tribu comme des sorciers, des prêtres et des voyants et qu'ils occupent de ce fait une importante fonction hiérarchique.

C'est avec regret que nous quittons les hauts-plateaux isolés des monts Mandara avec leurs nombreux champs en terrasses et leurs maisons rondes aux toits pointus

Passe Rhumsiki, nous pénétrons dans une région volcanique et déchiquetée. C'est sur les hauteurs de cette région que nous découvrons le village des fondeurs. Les artisans de ce village y pratiquent la fonte du bronze à la «cire perdue». Les objets? bijoux, figurines d'animaux, masques, objets usuels, armes et des grandes plaques où sont représentées des scènes de la vie des hommes et des animaux.

Les objets sont sculptés dans de la cire d'abeilles sauvages. Une très fine couche d'argile est appliquée qui laisse apparaître tous les détails. La forme est alors recouverte de glaise surmontée d'un entonnoir. Tout cet appareil est passé au four et la cire fond et s'écoule par le fond, la forme ainsi évidée est emplie de métal. Retiré du four, ce moule est encore couvert d'une couche de glaise et exposé au soleil jusqu'à ce que cette cape soit sèche et solide. La pièce est alors enfouie à l'envers dans un brasier de charbon de bois jusqu'à ce que le métal se retrouve en fusion. La pièce retirée est refroidie et c'est alors qu'on casse le moule et que la pièce de bronze est terminée. Chaque pièce est unique puisque chaque fois il faut resculpter la forme dans la cire. Mais chez ces fondeurs de hauts-plateaux, il est à craindre que la pénétration de notre civilisation entraîne la disparition de cet artisanat.

Cet art de fonte à cire perdue, en Afrique occidentale, découle d'une très ancienne tradition et fut déjà mentionnée par l'écrivain arabe El Bekri au XIème siècle. Les tribus du Bénin sont considérées comme les maîtres absolus et inégalés de la fonte du métal.

Le Sultanat Rey Bouba et le royaume moyenâgeux de Tcholliré sont les autres étapes de notre voyage à travers le nord du Cameroun, avant que l'appareil d'Air Cameroun nous ramène à Douala. De là notre route nous mène, par de denses forêts vierges, de la côte jusqu'aux prairies du Cameroun, à Foumban, le centre artisanal du Cameroun occidental. C'est ici que se trouve la rue dite: «rue des artistes». Elle est habitée par de nombreux artisans qui confectionnent des sculptures en bois, des cuivres travaillés et des travaux de tissage. Dans la prairie du Cameroun, nous rencontrons encore la tribu des Bamilékès. Un peuple de paysans et artisans qui sculptent de merveilleux masques.

Malheureusement le temps s'écoule trop vite dans ce «cœur de l'Afrique». Une multitude d'impressions émerveillées peuplent nos souvenirs, et le désir nous étreint de retourner un jour dans ces magnifiques contrées du Cameroun.

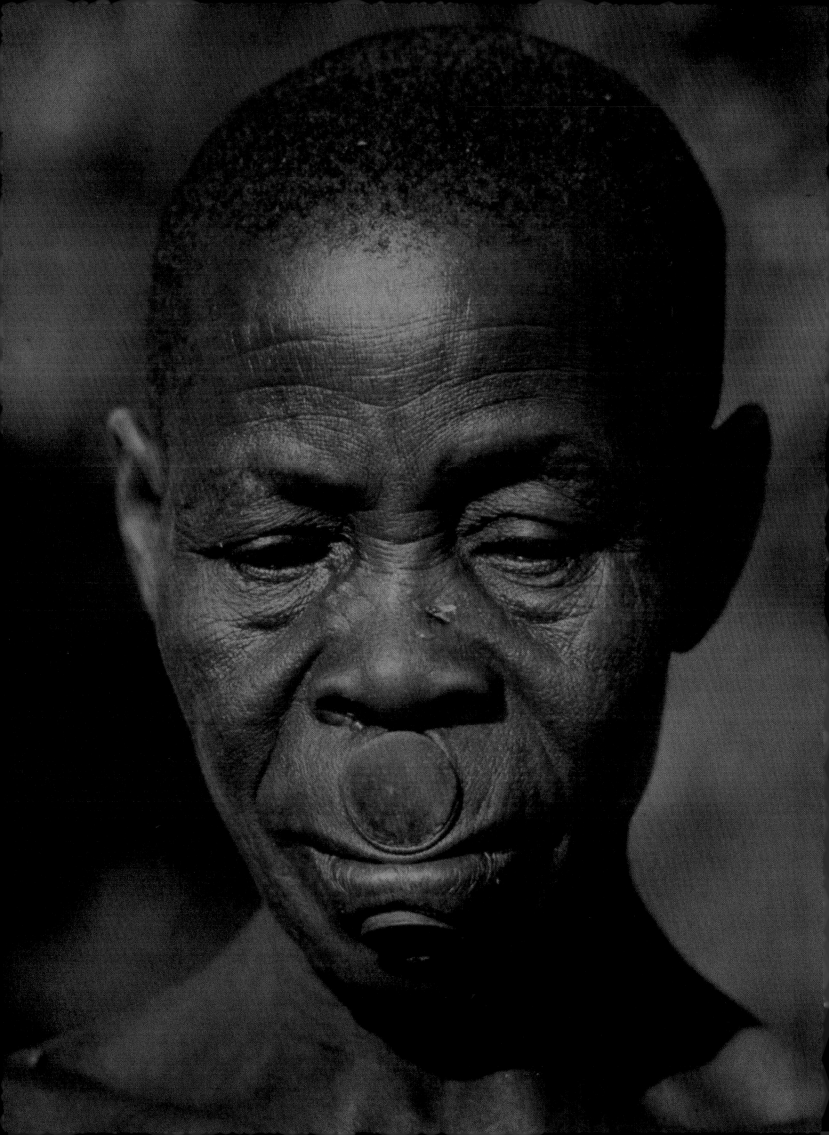

KENYA

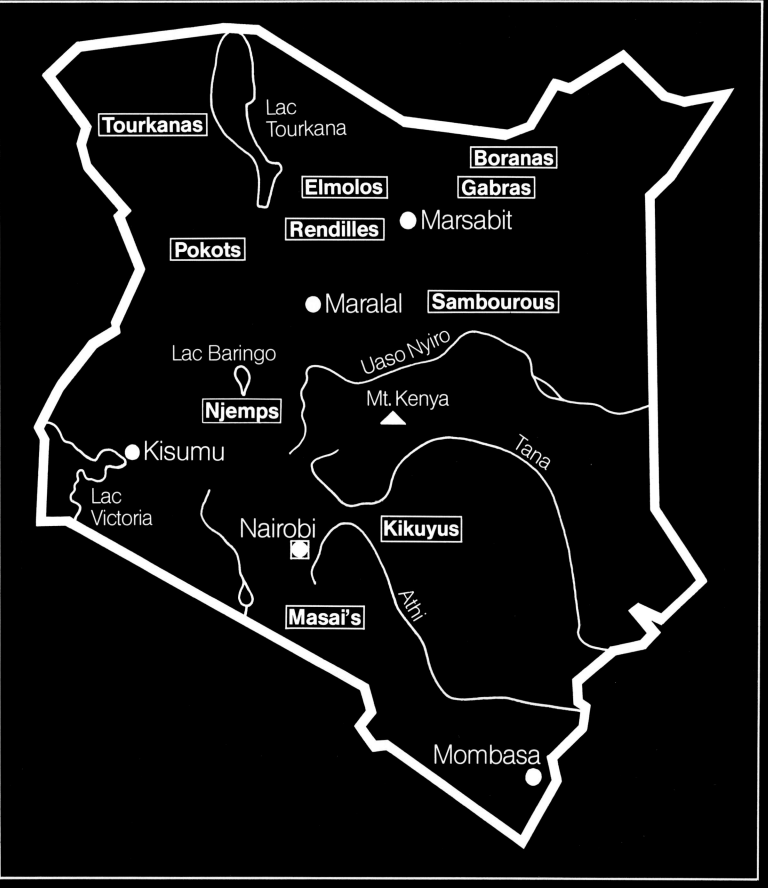

Des plages tropicales, des savanes infinies, des hauts-plateaux verdoyants, des déserts ou les sommets enneigés du Mont Kenya – ainsi se présentent les multiples contrées du Kenya. L'étroite Europe est oubliée. L'éten- due et la grandeur du paysage agissent sur nous, nous délivrent et nous rendent heu- reux. Nous sommes au début d'un voyage qui devrait nous offrir d'impérissables souve- nirs.

Que serait le Kenya sans la multiplicité de son monde animal: lions, éléphants, gué- pards, léopards, buffles, rhinocéros, girafes, zèbres, nombreuses espèces d'antilopes et de gazelles, chacals, hyènes, singes, phacochères, crocodiles, autruches et innombrables espèces d'oiseaux? Il y est encore possible de voir de près ces animaux dans leur environnement naturel, mais la poussée de la civilisation rétrécit, ici aussi, dangereusement leur espace vital.

Mais plus intéressants encore que les paysages ou le monde animal sont les hommes du Kenya. Quatre – vingt – dix – sept pour cent de la population est représentée par des Bantous, Nilotes et Kouchites. Les Asiatiques, surtout les Indiens, les Européens et les Arabes représentent la toute petite minorité restante.

Une légère brume se pose sur le lac Naivasa duquel se détache le soleil levant, rouge sang. Ce matin, nous partons pour visiter les Massaïs. De hautes herbes et quelques baobabs, c'est l'image type de la savane. Ici dans cette partie pauvre en pluie nous rencontrons souvent des acacias odoriférants aux larges frondaisons. A l'horizon, nous observons un troupeau de buffles dont les contours ne sont reconnaissables que fantômatiquement à travers l'air scintillant. Un phacochère croise notre chemin, des zèbres galopent à côté de nous. A l'ombre d'un arbre, un troupeau d'antilopes se repose, dans les branches s'accrochent de nombreux nids d'oiseaux. Enfin le soir, dans la lumière dorée de la journée finissante, nous apercevons une Manyatta: un village Massaï. Nous établissons notre camp pour la nuit, et, au lever du soleil, nous rencontrons des habitants du village. Notre vieux rêve se concrétise enfin. Tout d'abord ils sont fiers et réticents, mais Philippe, notre guide, parvient à gagner leur confiance. Nous sommes forcément fascinés par les magnifiques bijoux de perles que portent les jeunes filles et les femmes mais aussi les hommes. Depuis toujours nous avions admiré lors de nos traversées les longues silhouettes des Massaïs dans leur cape rouge, flottant au vent, leurs coiffures artistiques et leurs bijoux de perles. Mais maintenant, au contact direct, tout semble encore plus impressionnant. Les Massaïs ont un grand sens des traditions, ce qui se traduit aussi dans leurs habits et leurs bijoux. On peut même reconnaître leur classe d'âge. Un garçon circoncis se différencie par ses habits et ses bijoux d'un Moran (guerrier), une jeune fille d'une femme mariée.

Les Massaïs se parent en plus de bandes de cuir incrustées de perles, de ceintures, de capes et se peignent le corps. Ils ont la tête rasée sauf les Morans qui portent leurs cheveux soigneusement tressés.

Anciennement, les habits étaient faits de peaux d'animaux. Aujourd'hui, ils ont été remplacés par des tissus rouge et ocre. Les jeunes garçons se distinguent par un fichet de bois épinglé à l'oreille et portent une simple cape.

Quand ils ont passé les rites d'initiation, c'est-à-dire qu'ils sont circoncis, ils ont le droit de peindre leur corps et de porter des plumes d'oiseaux.

Lorsque les garçons atteignent l'âge d'un guerrier, ils se parent de coiffures artistiques, portent des boucles d'oreilles en métal, des gourmettes de perles et des chaînes au cou, aux bras et aux jambes. En plus de la cape rouge, ils portent un pagne autour des hanches. Ils peuvent aussi porter des anneaux en corne et des amulettes protectrices autour des pieds et des parties supérieures des bras. On trouve, plus rarement, des ornements de guerre tels que les plumes d'autruche et les crinières de lion.

Si un Moran se marie, il perd son statut de guerrier. Il doit raser sa coiffure et réduire ses ornements au minimum: un anneau en ivoire autour des bras et des pieds et quelques bijoux en perles.

Les jeunes filles se parent de collerettes, en fer ou en laiton, et de perles. Après l'excision, elles reçoivent alors un bandeau frontal incrusté de petites plaques de métal, qui va d'une oreille à l'autre. Ceci indique qu'elles sont en puissance d'époux. Mariée, la femme se pare de riches bijoux: collerettes, chaînes, boucles d'oreilles, anneaux aux bras et aux pieds. Les formes prépondérantes des bijoux traditionnels en perles sont le cercle, le triangle et le rectangle et les couleurs, le bleu, le rouge, le vert, le blanc et le noir. Dans des temps reculés les perles étaient encore montées sur de fins lacets de cuir, elles le sont aujourd'hui sur du fil de fer. La plupart des Massaïs sont encore des nomades. Grands, d'une couleur rouge-brun, fiers et soucieux de leurs traditions tribales, ils traversent les steppes étendues et les savanes. Tous les essais de les rendre sédentaires sont jusqu'à présent restés vains.

Au nord du Kenya vivent les bergers de la tribu des Sambourous. Leurs troupeaux sont constitués de bœufs, de moutons et de chèvres. Ils peuvent être également des nomades. De par leur ascendance, ce sont des Nilohamites. Ils peignent leurs corps avec de l'ocre rouge et leurs habits ressemblent à ceux des Massaïs.

Les Pokots, issus également d'une tribu nilohamitique, bergers et en partie cultivateurs, vivent dans le pays au nord du lac Baringo. Sur les bords du lac Turkana, anciennement le lac Rodolph, nous rencontrons la plus petite tribu d'Afrique, les Elmolos. Pêcheurs, ils vivent sur les nombreuses petites îles du lac. Ils nous réservent un accueil très chaleureux. Avec leurs habits et leurs bijoux, ils ressemblent beaucoup aux Sambourous. Egalement dans les environs du lac Turkana, vivent les Turkanas, nomades qui parcourent le territoire avec leurs chameaux, moutons et bœufs.

Passé South Horr, nous atteignons, au bout d'une très mauvaise piste, Loyengalant. Le vent hurle à travers les branches de palmiers borassus, balayant tout autour des huttes. Toute la journée, le vent, la poussière et la chaleur nous rendent la vie difficile. Dans le passé, le lac Turkana, qui a une longueur totale de 240 km, faisait partie du bassin du Nil. Par des changements géologiques, cette relation fut interrompue. Aujourd'hui, il est alimenté par la rivière Omo venant d'Ethiopie. Le paysage autour du lac rappelle à un désert.

Le continuel vent chaud est démoralisant. Dans l'extrême nord du Kenya, nous atteignons les déserts de Chalbi et de Kassiut. Dans ce paysage de steppe et de désert habitent les tribus nomades des Rendilles, Gabras et Boranas. Tout semble ici s'étendre à l'infini. A l'horizon nous apparaît un mirage. L'air chaud et vivant charme et trouble nos yeux. Là-bas à l'horizon, est-ce une oasis? Est-ce vraiment un lac? des chameaux? des moutons? des chèvres? des bergers qui – tels les figurants d'un film – abreuvent leur troupeaux dans ce petit lac perdu dans le désert infini? Il y a des moments où nous ne pouvons plus distinguer le réel de l'illusion.

A beaucoup de points de vue, le Kenya est unique. Dans la vallée du Rift, on trouve des fossiles de la préhistoire humaine. Et l'âge de pierre, le Moyen-Age et les temps modernes, encore aujourd'hui se côtoient.

Sur la côte de l'océan Indien, nous trouvons une culture fortement influencée par l'Islam. Les villes portuaires de Mombasa et de Lamu furent une fois, deux centres commerciaux très importants de cette partie ouest de l'océan indien. La construction du chemin de fer d'Ouganda, de Mombasa à Kampala, créa un nouvel accès vers les hauts-plateaux du Kenya. Nairobi, la capitale d'aujourd'hui, fut construite sur l'emplacement du camp établi pour la construction de ce train. Nairobi est aussi la dernière halte de notre voyage à travers un pays qui nous laisse des impressions bouleversantes: d'énormes volcans, des lacs étendus, des déserts chauds et scintillants, les forêts du mont Kenya, les savanes sans fin et l'énorme réservoir animalier, mais surtout une beauté sauvage originelle.

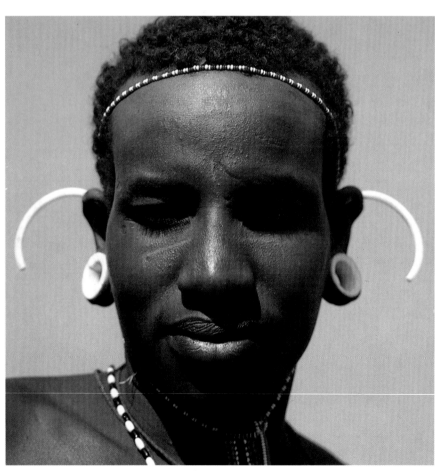

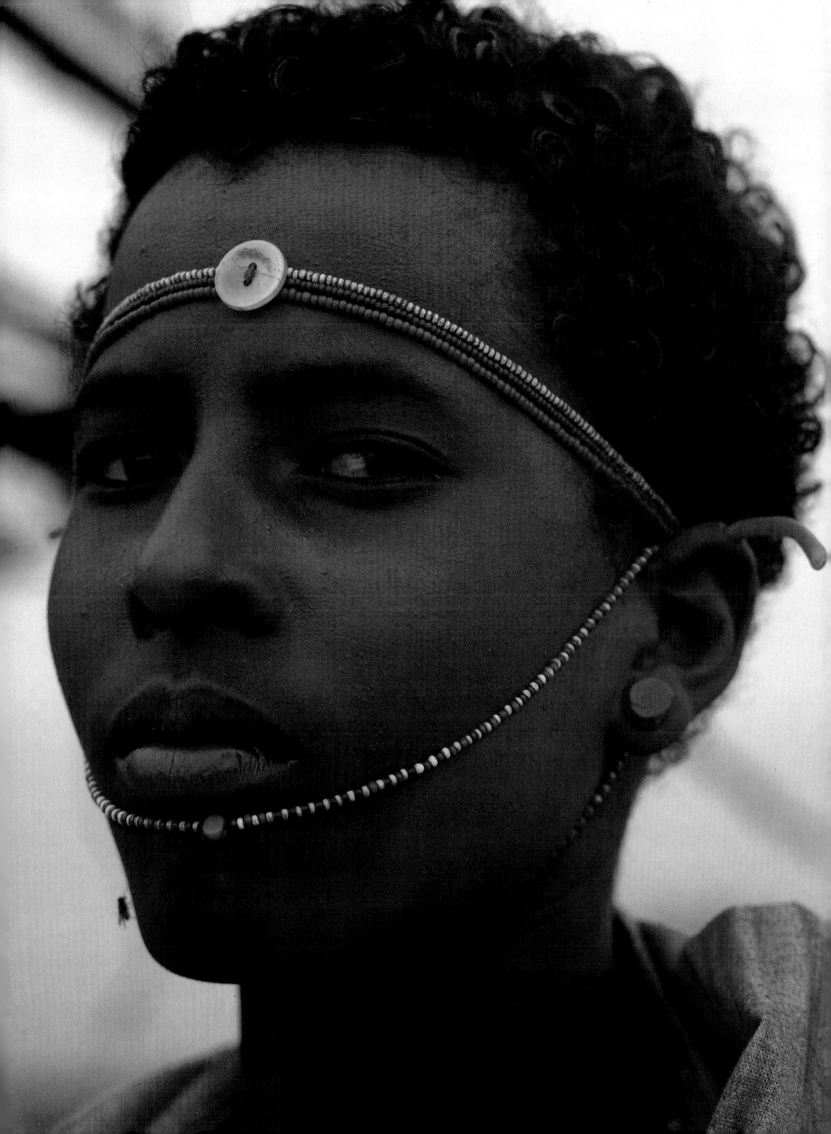

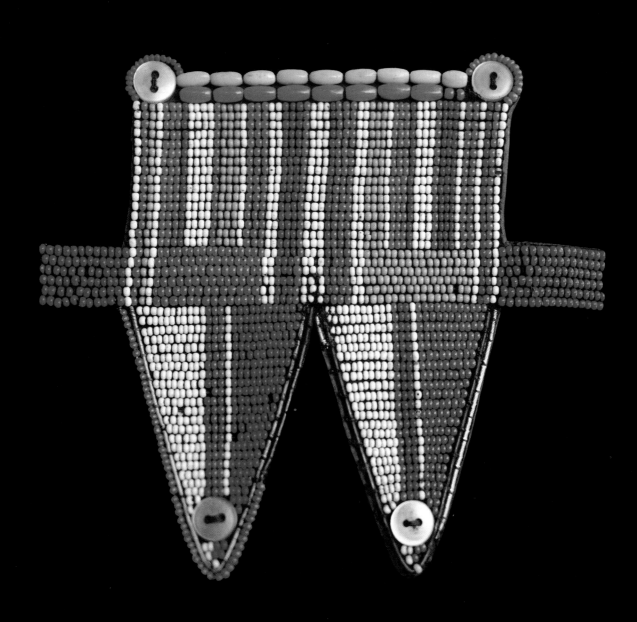

ETHIOPIE

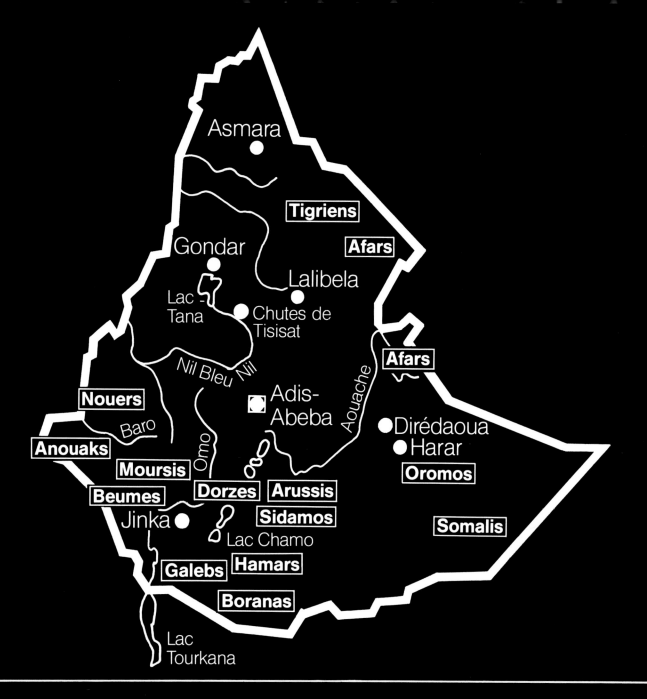

Asmara

Tigriens

Afars

Gondar

Lalibela

Lac Tana

Chutes de Tisisat

Nil Bleu Nil

Afars

Nouers

Adis-Abeba

Aouache

Baro

●Dirédaoua

●Harar

Anouaks

Omo

Oromos

Moursis

Dorzes

Arussis

Beumes

Sidamos

Jinka

Somalis

Lac Chamo

Galebs

Hamars

Boranas

Lac Tourkana

L'Ethiopie est un pays aux multiples et fascinants paysages: massifs montagneux se dressant dans le ciel tropical, steppes salines dans le désert du Danakil, ravins basaltiques érodés, hauts-plateaux sauvagement crevassés, plaines de robiniers, savanes et même forêts humides des tropiques. La nature s'y offre, multiple, riche, désolée.

Nous y rencontrons des cours d'eau et des lacs, tel le lac Tana au nord, les impressionnantes chutes du Nil Bleu près de Baher Dar ou les lacs de la vallée du Rift.

La configuration tourmentée du terrain fit que l'Ethiopie fut longtemps un territoire secret et inexploré.

La multiplicité des climats, les différences de terrain expliquent le nombre d'ethnies différentes. Au cours des siècles, sont venus s'y établir des peuples et tribus d'origines les plus diverses. De ce fait l'Ethiopie nous offre un étonnant kaléidoscope ethnique.

Au sud nous rencontrons les Somalis et les Danakils dont les caravanes sillonnent le désert. Au sud-est, dans la province de Harar, les indigènes sont plus qu'étonnants dans leurs habits aux somptueuses couleurs. Tout aussi fascinants, les Gallas, cette tribu réputée pour la beauté de ses habitants. Le berceau de l'Ethiopie, les hauts plateaux du nord, est la patrie chrétienne des Amhariens et des Tigriens, tandis que les Anouaks, qui habitent l'ouest, font déjà ethnologiquement partie des peuples du Soudan. Parfois même on peut y rencontrer à la frontière soudanaise des membres des Nuers.

Plus au sud, là où la rivière Omo se perd dans le lac Turkana, on trouve encore la vieille Afrique, une Afrique avec des tribus fières et des animaux sauvages, une magnifique étendue de forêts et de savanes. Lors de notre passage au sud nous avons rencontré des hommes pittoresquement habillés, armés de lances et aux coiffures très élaborées.

La plupart sont «habillés» de leurs seules parures. Leur attitude dénote fierté et insouciance, malgré la dureté de la vie quotidienne. L'ancestrale tradition les maintient dans ce continuel affrontement avec la nature. Ce sont les Karos, tribu de pêcheurs sur la rivière Omo, une civilisation encore vierge de toute influence extérieure.

Les Moursis, un peuple de chasseurs et d'éleveurs, se sont établis dans la région de Mago. Leurs femmes portent à leurs lèvres et à leurs oreilles d'énormes plateaux de terre cuite. C'est dès leur plus jeune âge que l'on procède au percement des oreilles et des lèvres. Les trous sont progressivement élargis au moyen de fichets de bois de plus en plus gros. Plus le plateau est grand plus la porteuse est louée pour sa beauté.

La chaleur tropicale pèse lourdement sur les steppes étendues du parc Mago. A Jinka, le dernier endroit où il existe encore quelque chose de notre civilisation nous rencontrons quelques hommes de la tribu des Moursis. Ce sont eux qui nous indiquent où nous pouvons rencontrer les nomades Moursis si difficiles à trouver. Nous partons tout de suite à leur recherche. Le Landcruiser a bien du mal à passer sur la piste raboteuse, dans les hautes herbes à éléphant. Des mouches Tsé-Tsé nous attaquent et nous forcent à fermer les vitres malgré une chaleur de 40°. Entre deux maux notre «four» nous paraît encore le moindre. Une rivière interrompt notre avance. Nous trouvons un gué et sommes en train de reprendre notre voyage lorsqu'une silhouette se détache, hésitante, des taillis qui bordent la rivière et s'approche lentement de nous. A la vue des plateaux à ses lèvres et à ses oreilles, nous reconaissons qu'il s'agit d'une jeune fille de la tribu des Moursis. Tout de suite après suit une deuxième jeune fille et Atnafou, notre guide et traducteur descend pour les saluer. C'est alors que d'autres membres de la tribu, de plus en plus nombreux, se montrent, femmes, jeunes filles, hommes et garçons. Aussitôt ils nous demandent si nous avons des lames de rasoir. C'est en effet dans le sud éthiopien un «outil» très prisé, non seulement il permet l'élaboration savante de leurs coiffures, mais sert au travail des tatoueurs. Heureusement à Addis-Abeba, Atnafou nous en avait averti et nous sommes pourvus en conséquence.

Nous sommes heureux d'avoir trouvé les Moursis qui, aujourd'hui deviennent presque une rareté ethnologique. Nous oublions chaleur, poussière, mouche Tsé-Tsé dans notre bivouac lorsque la nuit tombe sur les bords de la rivière Neri, claire comme du cristal. Dans les arbres, de graciles petits singes Kolobus font leur gymnastique sur nos têtes. Un bain rafraîchissant dans la rivière nous a fait oublier les fatigues de la journée. La chaleur brûlante fait place à une nuit d'Afrique agréable et fraîche.

Reprenant le voyage le lendemain matin,

nous atteignons Tourmi, un petit village très au sud de la tribu des Hamars. Les femmes y sont vêtues avec des habits en cuir qu'elles décorent richement avec des escargots cauris. Elles portent sur leur front des plaques de métal, autour de leur cou des anneaux grands, massifs et lourds, leurs cheveux sont ornés de lacets en cuir, de plumes d'oiseaux et de nombreux escargots cauris. Autour des bras et des jambes elles portent plusieurs anneaux presque toujours en aluminium.

Une autre tribu très intéressante ici au sud: les Arbores qui agrémentent leur coiffure de feuilles de palmier et dont les femmes démontrent un goût prononcé pour les perles. Après une traversée aventureuse de la rivière Omo – notre bac étant fait uniquement de tonneaux d'essence assemblés – notre chemin nous amène vers l'ouest en direction de la frontière soudanaise.

Là nous rencontrons la tribu des Boumes. Des hommes grands, vêtus d'une sorte de toge, accourent du village à notre rencontre. Les femmes les suivent avec leurs coiffures très originales: des tresses décorées de plumes et de billes de terre cuite. Autant les tribus sont multiples, autant les paysages de l'Ethiopie du Sud sont fascinants et variés. De larges étendues herbeuses succèdent aux voutes des forêts, aux savanes de buissons épineux, aux plaines de robiniers parfumés. Avec un peu de chance on y découvre aussi des gazelles, des zèbres, des buffles ou des singes.

Après ces jours passés dans le sud qui nous ont permis tant de rencontres autant inoubliables que diverses, notre périple continue vers le nord.

Partant d'Addis Abeba, nous nous embarquons à Baher Dar au bord du lac Tana. Un soleil rouge se lève sur le lac, notre bateau glisse lentement sur la surface de l'eau, lisse comme un miroir. Notre but, quelques monastères chrétiens que nous voulons visiter sur les différentes îles. Ce sont les monastères de Zeghie Kebran et de Debra Mariam qui nous laissent les impressions les plus fortes. Pour la première fois nous sommes en contact avec l'Ethiopie chrétienne.

Mais le plus sublime nous attend encore: au milieu d'un site montagneux on découvre Lalibala la moyenâgeuse. Ici furent bâtis des sanctuaires qui comptent parmi les merveilles du monde. Onze églises monolithiques entièrement taillées dans les rochers, un véritable chef-d'œuvre de l'architecture. La nuit tombe sur Lalibala, c'est une nuit très spéciale, la nuit de Noël, que l'on célèbre le 7 janvier en Ethiopie d'après le calendrier julien.

Des milliers de pèlerins sont venus à Lali-

bala. Dans la cour intérieure de l'église de l'Emanuel, les gens se pressent les uns contre les autres. Les flambeaux qui éclairent la scène lui confèrent un éclat mystique. Les chants monotones, la sourde résonnance des tambours et le tintement des Systres (crécelles métalliques), montent vers le ciel étoilé. Nous vivons une nuit de Noël dont la fascination échappe à toute imagination. Les chants et les cérémonies perdureront toute la nuit. A l'est, le ciel s'éclaire déjà. Lentement, le soleil apparaît. Les pèlerins ont passé toute leur nuit dans la cour et à l'intérieur de l'église, en priant et en chantant. Nous, Européens, avons l'impression d'être revenus aux sources de la chrétienté. L'église Saint-Georges est la plus fameuse église de Lalibala, située au milieu de vieux oliviers dans un paysage grandiose.

Par un corridor étroit, nous entrons dans la cour de l'église. Un prêtre, dans un habit pourpre, sortant de l'église, nous salue, une croix dans sa main. Sans doute, cette église est la plus belle de Lalibala, non seulement par sa coupe horizontale en forme de croix. Tous ces saints lieux sont encore de nos jours intensément fréquentés et on peut dire de Lalibala que c'est la «Jérusalem» de l'Ethiopie.

Dans ce pays, on trouve d'intéressants objets traditionnels d'orfèvrerie et de ciselure, principalement des croix.

A l'origine, ces croix furent fabriquées en bois. Aujourd'hui elles sont faites de fer, de bronze ou d'argent. Déjà dans les temps pré-chrétiens la croix fut, dans les pays d'Orient, un symbole. En Egypte, elle fut le signe de la vie et de l'éternité, à Babylone le symbole du Dieu Anou. La croix fut introduite en Ethiopie par les Coptes qui l'apportèrent de l'Egypte. Le dessin des croix est multiple, autant que leur décor ou la technique employée, et très influencée par les orfèvres jéménites.

L'Ethiopie est la patrie de soixante-dix peuples différents et d'autant de langues. Le pays, deux fois et demie la surface de la France, fait de montagnes, de forêts vierges ou de savanes, regorge de monuments historiques. Un pays fascinant et inoubliable! Lorsque l'appareil de l'Ethiopian Airlines s'apprête à décoller, que les moteurs se mettent à vrombir, que l'avion s'élève dans le ciel et décrit une grande boucle sur Addis-Abeba pour prendre la direction du nord, nous prenons, par ce miracle technique, conscience des contradictions presque insaisissables de ce pays.

Des expériences et des impressions qui resteront indélébiles sont maintenant derrière nous, mais nous reviendrons, car nous avons laissé notre cœur en Ethiopie.

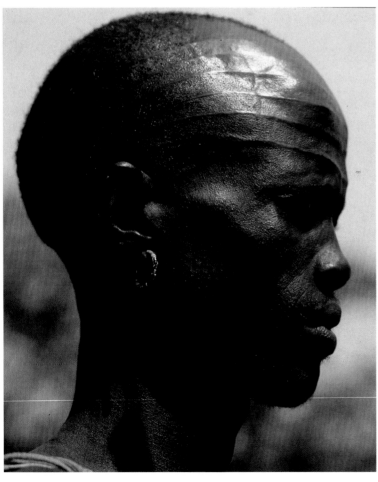
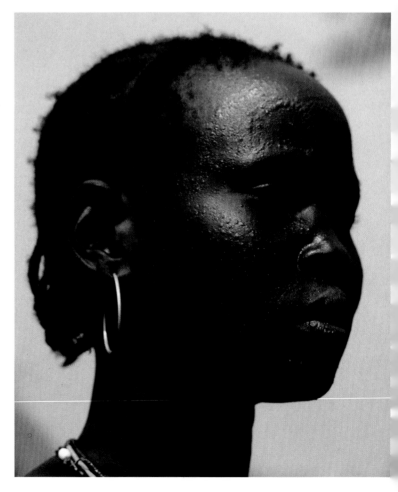

LADAKH

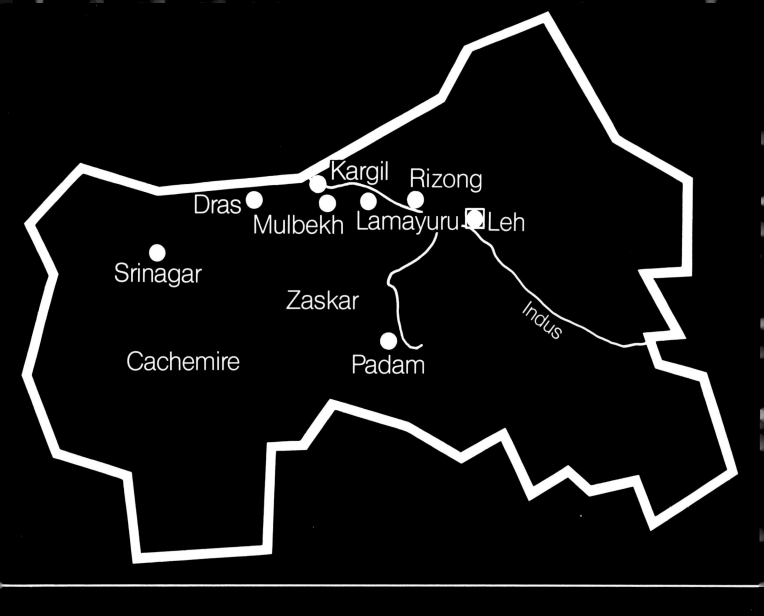

Le Ladakh signifie «le pays des hauts cols», c'est la partie nord des Indes dans la moitié supérieure du bassin de l'Indus au bord du plateau tibétain. Ce pays de monastères rupestres, de rivières sauvages, de hautes montagnes, est aussi nommé le Tibet de l'est ou le petit Tibet. On trouve ici le dernier refuge de la culture tibétaine qui, après l'occupation du Tibet par la Chine en 1951, y garde son identité sur le territoire de cet état des Indes.

Ce n'est qu'en 1974 que la chaîne du Ladakh, difficilement accessible, a été ouverte aux visiteurs étrangers. Le Ladakh appartient politiquement à l'état indien de Jammu et Cachemire. A la fin du siècle passé et au début de ce siècle, de grands explorateurs et Filchner, Sven Hedin et d'autres ont dé-

couvert les pays de l'Asie centrale. Les récits de ces explorateurs sur les monastères, les temples, les peuples et les montagnes de cette contrée isolée de l'Himalaya avaient éveillé notre curiosité et exerçaient sur nous une impérieuse fascination. Si impérieuse que finalement nous voulions entendre nous-mêmes le son des trompes, des tambours et des gongs et voir de nos propres yeux, les lamas en prières dans la mi-obscurité de leurs monastères. Il ne nous suffisait plus de lire uniquement les reportages sur les murs aux fresques de couleurs ou sur les danses des masques. Non, il nous fallait voir tout cela.

L'appareil des Indian Airlines nous amène de Delhi à Srinagar, la capitale de la province du Cachemire. Nous y séjournons deux jours.

Notre maison: une maison flottante sur le lac Dal. Presque sans bruit, le Shikara, c'est le nom de ce petit bateau, trace son chemin à travers les jardins flottants. Des fleurs de Lotus aux cent couleurs flottent au fil de l'eau, nous passons devant des maisons flottantes à l'ancre, sur lesquelles règne une vie grouillante.

Nous rencontrons aussi des paysans sur leurs barques chargées de légumes, rentrant des champs. Le vent caresse sans bruit les roseaux et doucement notre bateau glisse à travers lacs et canaux.

Le Cachemire est un paradis. C'est la raison pour laquelle il fut, dans le temps, l'endroit de villégiature privilégié des anglais qui fuyaient la chaleur et le temps lourd de la basse vallée indienne. Aujourd'hui c'est le paradis de vacances des Indiens.

Dans le temps, il existait ici une loi interdisant l'achat de terrain. Pour détourner cette loi, les grands administrateurs coloniaux s'établirent sur l'eau et se firent construire de magnifiques maisons flottantes.

Ces deux journées reposantes sur le lac Dal, passent trop vite. La jeep nous attend et le voyage au Ladakh peut commencer. Le Ladakh justifie pleinement son appellation «le pays des hauts cols». Dans des virages sans fin, notre véhicule s'époumonne pour atteindre le Zoji-la (la = col). Une forte pluie a ramolli la route de terre et nous avançons de plus en plus difficilement. Le Zoji-la est la seule communication avec le Ladakh. A cause des pluies de la mousson, la route n'est praticable que du mois de mai à octobre. Beaucoup de voyageurs fameux comme par exemple Sven Hedin, ont également passé ce col pour se rendre au Ladakh.

A l'époque ce n'était qu'une étroite piste à mulets. Après avoir passé le col, notre jeep descend une vallée très peu boisée. Sur le versant de la montagne en face, nous apercevons des tentes habitées par des nomades. Nous croisons un grand troupeau de moutons et de chèvres, accompagné d'hommes, de femmes, d'enfants et de chiens. Ces nomades se dirigent vers leurs pâturages. En été, ils se tiennent par contre plus au sud et à l'ouest.

Sur la hauteur du Namika-la, un vent froid nous accueille, mais la vue sur ce grandiose paysage de montagne nous fait oublier le vent et la froidure. Dans d'étroits virages, la route sinueuse descend pour aussitôt attaquer le prochain col, le Fatu-la.

La vue sur ces hautes montagnes bizarres est imposante. De sommets en sommets, surplombants les cols, nous apercevons des «Stupas» comme nous en avions déjà vus au Népal. De nombreux drapeaux de prières flottent sur ces bâtiments consacrés au Bouddha. Le chemin continue à travers un paysage désertique et lunaire. Et soudain comme issus du néant, apparaîssent les bâtiments du monastère Lamayuru. Comme un château-fort, les murs clairs du monastère s'élèvent sur les rochers sauvages et crevassés; de petits temples et des «Stupas» s'accrochent au flanc de la montagne. Nous avons sous les yeux, un monastère tibétain, tel que nous l'avons toujours imaginé. La situation choisie du monastère –

sur de hauts rochers dominant la vallée – symbolise sa fonction: créer entre ciel et terre – bien au-dessus du quotidien humain – une relation avec le surnaturel.

La façade extérieure en torchis est rustique, presque archaïque, les pièces intérieures vastes et richement décorées. Aux murs des salles et des cours sont peintes des scènes de la vie de Bouddha. Des images des Dieux et des Mandalas complètent ces peintures murales. Venant des toits du temple, on entend le son des trompes qui interrompent le silence du matin et appellent à la prière. Le son des tambours, des gongs et des chants monotones descend de la colline du monastère jusqu'à nous. Nous montons jusqu'à l'entrée du monastère d'où un moine nous fait des signes dans la semi-obscurité de la salle de prière, nous invitant à prendre place par terre. Des gongs, des tambours et des trompes retentissent, des moulins à prières tournent. Lentement nos yeux s'habituent à la semi-obscurité. Les chants alternés et monotones créent une atmosphère presque irréelle et nous envoûtent. Lamayuru est l'un des monastères les plus anciens et légendaires du Ladakh et avec ses deux cents moines, c'est aussi le plus grand.

Nous quittons la mystique obscurité de la salle de prières pour aller sur la terrasse du toit où nous sommes éblouis par la lumière très claire du jour. La vue sur ce panorama unique de montagnes ainsi que les heures que nous venons de vivre se gravent profondément dans notre mémoire.

Nous continuons notre route, et peu de temps après, nous découvrons le mur Mani devant lequel les habitants font leurs prières. Un sentier raide nous conduit dans une gorge étroite. Nous avons quitté la route principale pour pénétrer dans la vallée où se trouve le monastère Rizong, encastré dans les parois raides d'une vallée encaissée. Les habitants donnent à ce lieu le nom de «Gonpa», c'est-à-dire endroit isolé, ce qui est bien le cas. Très loin des routes et de la vie quotidienne, quarante moines se consacrent ici, dans un isolement total, à la méditation et à la prière.

Le Ladakh se trouvait, avec ses importantes routes de caravanes, dans une zone de tension entre la politique indienne, tibétaine et de l'Asie centrale. Le bouddhisme fit son apparition dans cette région, vraisemblablement sous l'influence de l'empereur Ashoka. Avec l'essor général du Tibet, l'influence de sa culture et de ses mœurs s'étendit sur le Ladakh.

Les habitants du Ladakh vivent principalement de l'économie agraire, culture de la terre dans les vallées de rivières et élevages nomades en altitude. Ils se nomment eux-mêmes «Bhotpas» et sont d'origine tibétaine. Ils sont de grande taille, ont les yeux bridés, des nez plats et une peau rouge-brun.

Les femmes ont un charme certain, et sont souvent habillées et parées somptueusement. La pièce de parade de leur costume régional est le Perak. C'est une coiffe de cuir ou de feutre rouge qui ceint le front, s'élargit sur la nuque et tombe jusqu'à la taille. Il est richement décoré de pierres précieuses, surtout de turquoises. Entre elles sont fixés des petits coffrets à amulettes qui ont pour but de protéger et de défendre leur propriétaire. Sur les deux côtés sont cousues des oreillettes en peau d'agneau noir.

Une reine du Ladakh – ainsi le veut la légende – avait souffert terriblement de douleurs aux oreilles et seule cette peau d'agneau aurait atténué ses souffrances. C'est l'origine de cette mode.

Le Perak représente un serpent et on dit que ce symbole éveille des forces spirituelles et sexuelles cachées. Le serpent appartient dans le bouddhisme aux signes du zodiaque et apparaît aussi dans la cosmologie par l'esprit du serpent «Naga». A la hauteur des épaules, le Perak prend sa largeur grâce à une plaque en tôle d'argent à laquelle sont fixées des enfilades de corail représentant la queue du serpent «Naga». Le Perak est une importante pièce de l'héritage familial qui passe toujours de la mère à la fille aînée lors de son mariage. En échange, la mère reçoit de sa fille le chapeau de feutre traditionnellement violet, vert et noir, nommé «Tibi», qu'elle portera dorénavant.

Mais encore beaucoup d'autres bijoux sont régulièrement portés par les femmes: boucles d'oreilles faites de perles enfilées, alternant avec des coraux ou des turquoises, colliers de pierre ou de petits coffrets à amulettes d'argent et d'or. Sur l'épaule elles portent une broche richement ciselée, à laquelle pendent, au bout de longues chaînettes, des instruments utiles aux soins des oreilles, du nez et des dents.

A leur ceinture décorée de plaques de cuivres ou de laiton, ciselées de symboles magiques, pendent de longs colliers de perles ou de coquillages cauris. Leurs bracelets consistent en de grands anneaux faits de coquilles d'escargots.

NEPAL

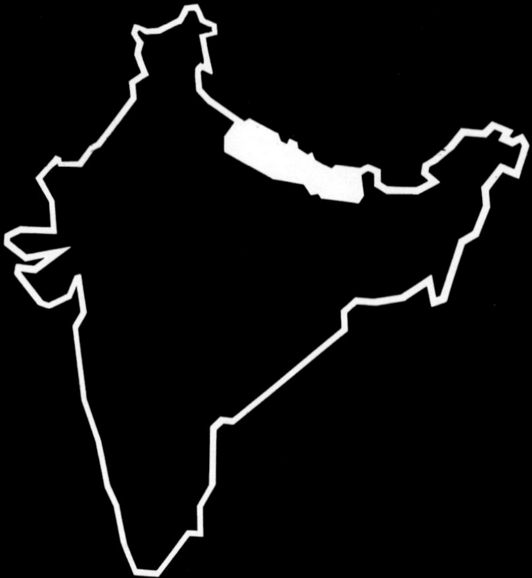

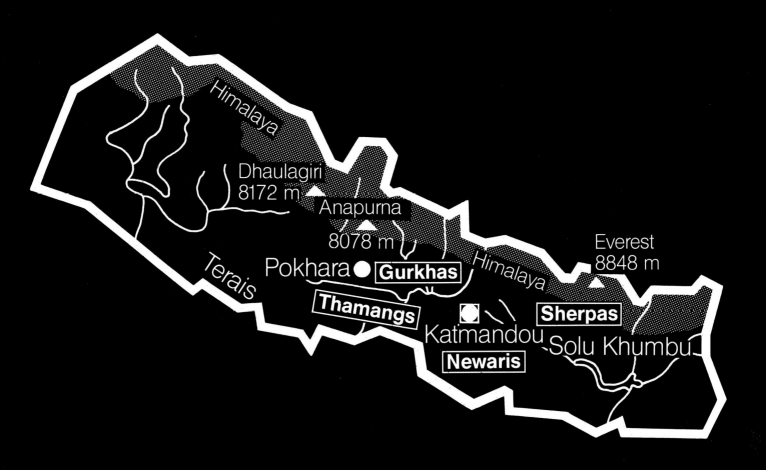

L'Asie est un continent plein de miracles et l'un de ses plus grands s'appelle le Népal. Le Népal, le pays des plus hautes montagnes et des plus beaux temples, le pays des pagodes uniques, des monastères isolés et des lamas paisibles. Une grande variété de paysages attend le voyageur, des jungles et forêts vierges du sud aux massifs du centre jusqu'aux plus hauts glaciers de l'Himalaya: des noms comme l'Everest, la plus haute montagne de la terre, le Dhaulagiri ou l'Anapurna sont mondialement connus.

La population du Népal se compose de vingt peuples différents qui, au nord, sont plutôt d'influence mongole et au sud indo-européenne. Parmi les tribus les plus connues nous trouvons les Sherpas, les Gurkhas et les Newaris qui se différencient par leur art populaire, leurs coutumes, leurs habits, bijoux et leur architecture.

Le Népal, situé entre l'Inde, le Tibet et la Chine, fut longtemps un pays de transit et influencé de ce fait par de nombreuses cultures. Mais déjà au XIVème siècle, une forme d'art autonome népalais s'est développée, qui s'exprime par ses temples, monastères, pagodes et maisons patriciennes et qui est la plus authentique forme de l'art de ce pays.

Nous nous embarquons dans le froid brouillard de Francfort sur le Boeing 747 des Indian Airlines. Une nuit de vol et l'horizon rougit et annonce le jour alors que nous nous posons à Delhi. Courte escale, le temps de humer l'air tempéré d'une matinée tropicale et nous continuons notre périple sur le Royal Nepal Airlines, Cette fois c'est un des vols les plus spéctaculaires que nous ayons vécus. Longeant les crêtes himalayennes nous voyons défiler les impressionnants massifs de l'Anapurna, de Dhaulagiri, et de l'Everest. Nous reprenons pied dans l'étroite vallée de Katmandou, la capitale du Népal, grâce au savoir et à l'habileté des pilotes.

Les étroites ruelles de Katmandou grouillent d'activités invraisemblables: porteurs en loques s'éreintant, péniblement, enfants laissés à l'abandon nous regardant de leurs grands yeux, chiens errants nous barrant le chemin, vaches sacrées allongées dans la rue et de jolies femmes arborant leurs saris brillants et colorés. Des marchands ambulants nous offrent des monnaies anciennes, des Tankas (images religieuses), des bijoux en argent, des tapis et des images imprimées. Tout ceci est ponctué par les claxons ininterrompus des taxis et les cris des conducteurs de pousse-pousse. A l'opposé de cette activité haute en couleurs, les pagodes impressionnantes et les palais, les nombreuses sculptures et bas-reliefs illustrant la vie des Dieux répandent un sentiment de quiétude. Devant l'ancien palais royal, des lamas dans leur froc brun, des prédicateurs de Vishnou et un groupe de globe-trotters s'entrecroisent. D'innombrables brûle-parfums dispensent une odeur secrète et spéciale qui plonge ce site dans une ambiance de douce sensualité.

Puis nous allons à la recherche des fameuses «Stupas», sortes de temples qui servent de sépulture où sont conservés les cendres ou les reliques d'un saint.

La plus grande et la plus impressionnante de ces «Stupas», nous la trouvons à huit kilomètres à l'est de Katmandou, à Bodnath. On dit qu'elle contient les reliques de Bouddha et les cendres d'un saint lama venu de Lhasa. Ce monument repose sur une fondation dans laquelle sont creusées cent-huit niches pour des moulins à prières. Au sommet de la construction, l'œil quadruple du Tout-Puissant regarde, inquisiteur et impénétrable, dans les quatres directions du ciel. Les drapeaux à prières aux couleurs gaies flottent au vent. Nous croisons des femmes de la tribu des Thamang, ornées de grandes plaques d'or aux oreilles, et enveloppées d'habits très colorés.

Après ces journées impressionnantes à Katmandou, notre chemin nous amène dans le monde fantastique des montagnes. Nous montons de raides sentiers, qui traversent des villages soignés, on s'approche de fermes isolées. De tous côtés, notre regard se pose sur les innombrables champs en terrasse. Les maisons dispersées sont crépies à la glaise et couvertes de chaume.

Notre expédition, qui dure une journée entière, nous mène à travers champs, prés et villages, jusqu'au Punhill Peak. De là, une vue époustouflante sur le mur glacé du Dhaulagiri s'offre à nous. Les derniers rayons du soleil plongent les crêtes dans une lumière d'or. Devant nous le Dhaulagiri, à droite, la paroi rougeoyante de l'Anapurna, derrière, le Machapuschare, la montagne sainte du Népal. Moments inoubliables que ce voyage aux abords du «toit du monde».

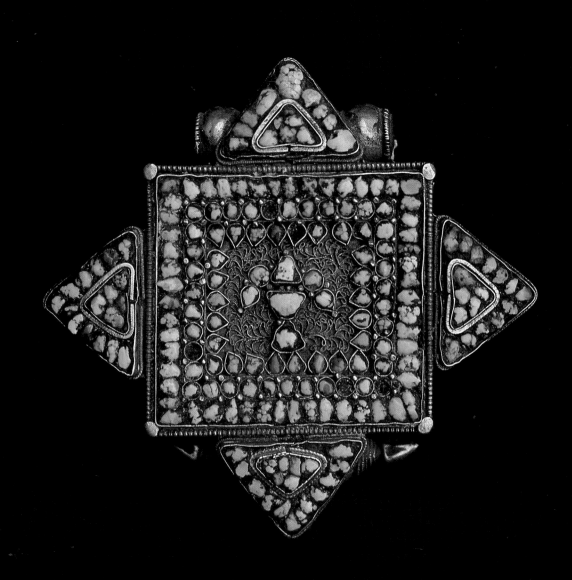

RAJASTHAN

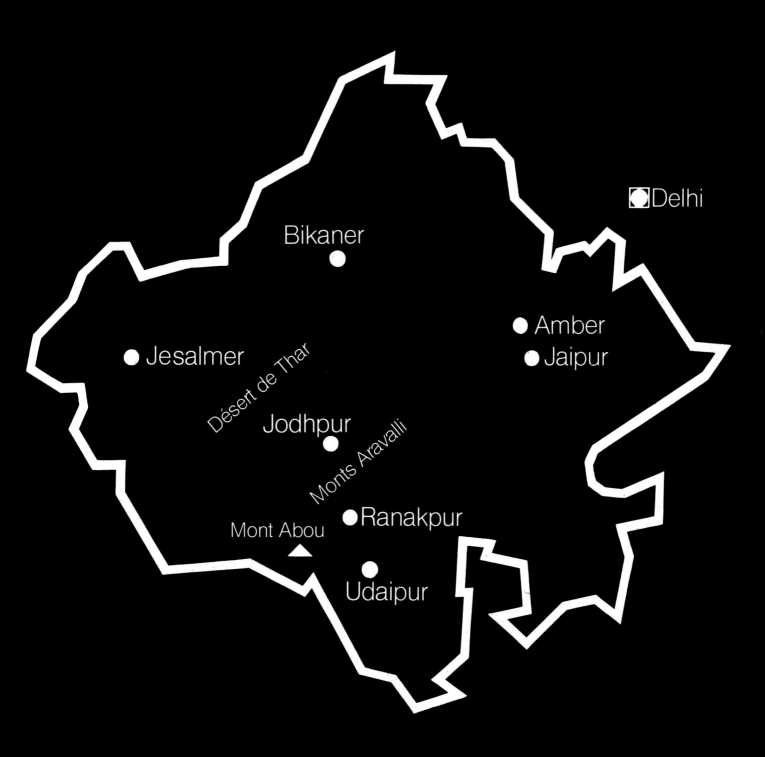

Delhi

Bikaner

Amber

Jesalmer

Jaipur

Désert de Thar

Jodhpur

Monts Aravalli

Ranakpur

Mont Abou

Udaipur

Le seul nom de ce pays évoque en nous magie et fascination. En superficie c'est le deuxième Etat des Indes et un des pays les plus hauts en couleurs du monde. Le nord, c'est la steppe et le désert, mais le sud cède au charme des collines verdoyantes jusqu'au mont Aravalli. Si le Nord est peu peuplé, le Sud offre à une nombreuse population une région fertile et plus vivable.

Le Rajasthan, c'est surtourt le pays de l'Inde qui correspond le plus à l'imagination de l'occidental, l'Inde secrète et féérique des remparts énormes, des palais des Maharadjah, des villes moyenâgeuses, des temples fastueux et aussi d'une population aimable et colorée.

On pense qu'au début de notre ère chrétienne des nomades de l'Asie centrale ont investi le Rajasthan et sont les ancêtres des habitants d'aujourd'hui. Les premiers forts et villes furent érigés sur les hauts-plateaux. La route de la soie, qui, dans l'antiquité traversait ce pays, apportait aux villes la richesse, car à l'époque, le commerce des épices, du sel, du sucre, des parfums, des pierres précieuses, de la soie et de la laine était florissant. La ville de Jesalmer à l'ouest, fut longtemps le centre de ce commerce. Mais l'ouverture des routes maritimes lui subtilisera – comme à tant d'autres villes – son importance. Mais elles n'en ont pas perdu pour autant leur vie traditionnelle. Des commerçants ambulants, des musiciens, des bateleurs traversent toujours ce pays et racontent dans leurs ballades et leurs chants des légendes vieilles comme le monde et l'héritage de leurs ancêtres.

Les habitants restent attachés aux habitudes de vie transmises de siècles en siècles. Ce pays coloré et multiple est le but de notre voyage. Un appareil des Indian Airlines nous amène, après un court arrêt à Delhi, à Jaipur, la ville rose du Maharadjah «Jai Singh II».

L'ancien palais du maharadjah est, comme souvent au Rajasthan, transformé en un hôtel confortable. Nous y passons deux jours à y vivre un peu la fastueuse vie de l'ancien propriétaire. Les impressions que nous y récoltons se bousculent: un magnifique «palais des vents», d'étonnants charmeurs de serpents, des conducteurs de pousse-

pousse affairés, des femmes dans des saris multicolores, une excursion à Amber et une promenade à dos d'éléphant vers la forteresse. Le temps passe beaucoup trop vite pour nous.

Notre prochain but est Pushkar au bord du lac saint des Indes. Un bain en été, ainsi le veut la tradition, promet une meilleure réincarnation et finalement un retour à l'origine divine. Pushkar est la ville des Brahmanes et le siège de l'érudition théologique. A toute heure du jour, les escaliers du bord du lac saint sont peuplés de gens. De pieux pèlerins s'immergent pour faire leurs prières. Des prédicateurs, des ascètes, des astrologues, des guérisseurs, des yogis couverts de cendre, des saints honorables, des saltimbanques et des prestidigitateurs nous offrent un spectacle d'une grande diversité.

Nous quittons Pushkar en jeep. Nous passons quelques jours dans le désert Thar qui nous rappelle par ses dunes ensablées, ses villages aux maisons de torchis, ses chameaux et ses femmes nomades aux habits colorés, nos voyages africains. Nous passons très près de châteaux forts délabrés ou de palais qui, témoins du temps passé, attirent toujours l'intérêt et suscitent l'admiration pour leurs bâtisseurs.

Enfin, loin à l'horizon, notre prochain but de voyage: Jesalmer, une ville fondée au XIème siècle qui, point central du commerce et des caravanes, bâtie sur l'ancienne route de la soie, connut richesse et puissance. Sur un plateau de grès jaune elle domine la plaine du haut de ses falaises abruptes. Depuis la terrasse des vieux remparts, notre regard se perd dans l'immensité du désert. Les maisons patriciennes de grès jaune (nommées Havelis) sont des joyaux uniques d'architecture. A nos pieds, des ruelles moyenâgeuses nous font remonter dans le temps de quelques siècles. En fin d'après-midi, nous poussons jusqu'au lac que le Maharadjah de Jesalmer fit aménager.

Sur l'eau il y fit bâtir des petits pavillons où souvent il aimait à y passer après-midis ou soirées. Le plan d'eau, par les températures estivales de 45 degrés, y offre une fraîcheur bienvenue. Après cet arrêt dans cette «ville du désert» nos prochaines étapes sont

Jodhpur, les chaînes montagneuses de l'Aravalli avec ses fameux sanctuaires de la secte Jain, et finalement Udaipur.

Ici à Udaipur nous passons les derniers jours de notre voyage à travers le Rajasthan. La ville, un ensemble unique de palais, jardins et lacs entouré des monts Avalli, compte avec raison, parmi les plus beaux sites des Indes. La ville du Maharadjah Udai Singh nous apparaît comme l'Inde de notre enfance, celle des romans, des contes, des rêves et des films.

Le plus spectaculaire est d'aborder la visite de la ville par bateau sur le lac Pichola (entièrement artificiel). Passé les «gath», place des lavandières, le bateau se dirige vers le monumental palais de la ville avec ses fenêtres en saillies, ses tourelles, ses coupoles et ses pavillons construits sur les toits. La visite de ce palais permet d'accéder à son sommet d'où nous pouvons jouir d'une vue extraordinaire sur le lac et la ville. Sur une île au milieu du lac apparaît alors le palais du Maharadjah. Apparition blanche et féérique, il paraît flotter sur le lac, léger comme une plume. Aujourd'hui, ce palais est utilisé comme hôtel de super-luxe.

Après ces fantastiques impressions, nous descendons dans la vieille ville, aux ruelles perpendiculaires avec ses maisons à un ou deux étages aux façades souvent peintes. Les boutiques regorgent d'antiquités, de bijoux d'or ou d'argent, de sculptures sur bois, de poupées, d'habits richement ornés de petits miroirs ou de broderies d'or. C'est dans un petit bazar d'argenterie que nous trouvons les bijoux que nous avions tant admirés chez les femmes et les jeunes filles des villages du désert Thar. Et le soir descend sur cette île unique, et c'est aussi l'heure de faire nos adieux.

Nous laissons derrière nous les villages isolés du désert, les interminables chemins des caravanes, les villes moyenâgeuses, les somptueux palais, féériques et impressionnants.

Mais impérissable, restera le souvenir. L'ancien orient vit encore à Rajasthan, mais jusqu'à quand?

LE MALI

Page 17,

Boucles d'oreilles en or exceptionnellement riches. Elles font partie du patrimoine familial. Jeune fille Foulbé.

Page 18, en haut

Paysage de savane près de Hombori.

Page 18, en bas

Presque verticales, les tours de rochers du massif Gandamia se dressant au-dessus de la plaine.

Page 19,

Baobab au coucher du soleil dans la savane.

Page 20,

Mosquée de Djenné. Architecture en torchis du style dit: «du Soudan».

Page 21,

Mosquée de Mopti.

Page 22, en haut

La petite ville de Hombori, surplombée par le Hombori-Tondo, montagne tabulaire de 1153 m d'altitude.

Page 22, en bas

Bourem sur le Niger. Huttes en nattes mosaïquées.

Page 23,

Ferme Dogon au village de Bonani.

Page 24,

Nomades au point d'eau près de Hombori.

Page 25, en haut

Marché de midi à Djenné.

Page 25, en bas

Marchand de bijoux au marché du dimanche à Ayorou.

Page 26,

Jeune fille Foulbé. Sa coiffure est artistiquement tressée avec des anneaux d'ambre, des pièces de monnaie et des boucles de laiton. Signes distinctifs d'une jeune fille non mariée.

Page 27,

Cheveux, bijoux et tatouages forment une unité. Foulbés près de Hombori.

Page 28,

Femme Foulbé portant sa calebasse.

Page 29, en haut à gauche

Jeune fille Foulbé avec des perles de verre dans ses tresses.

Page 29, en haut à droite

Les fines baguettes en métal qui sont piquées dans les oreilles seront remplacées plus tard par des boucles d'oreilles.

Page 29, en bas

Coiffure-casque traditionnellement portée par les Foulbés, garnie de pièces de monnaie.

Page 30, en haut

Ces énormes boucles d'oreilles en or pur sont un signe évident de richesse.

Page 30, en bas

La forme de la coiffure est un symbole tribal. Coiffure d'une Foulbé.

LE CAMEROUN

LE KENYA

Page 65, à gauche

Dans l'oreille, ce guerrier Sambourou porte un os, ses cheveux sont tressés, le visage est peint.

Page 65, à droite

Pêcheur Elmolo.

Page 66, en haut

Jeune guerrier Sambourou: dans l'oreille, un os. Le visage peint, perles et plumes.

Page 66, en bas à gauche

Baguettes d'ivoire et teintures sont les attributs décoratifs de ce Sambourou.

Page 66, en bas à droite

Cette artistique coiffure Massaï est faite de glaise, de bandeaux de cuir et de perles.

Page 67,

Jeune Rendille. Un simple bouton devient élément décoratif.

Page 68,

Boucles d'oreilles et chaînette incrustée sous la lèvre, typique d'une Turkana.

Page 69, en haut

Cette Turkana porte deux statuettes décorées de perles considérées comme symbole de fertilité.

Page 69, en bas

La peau est percée sous la lèvre pour introduire cette chaînette Turkana.

Page 70, à gauche

Collier en aluminium. Femme Borana.

Page 70, à droite

Ornement en aluminium. Sur la tête la spirale indique l'état civil.

Page 71,

Le collier en aluminium porté par cette femme Borana rappelle les bijoux des pharaons.

Page 72,

Même sans vêtements cet enfant Elmolo porte des bijoux.

Page 73,

Détail d'une ceinture en perles d'un Massaï.

L'ETHIOPIE

Page 77,

Beauté Anouak de l'Ethiopie du Sud-Ouest.

Page 78, en haut

Ces maisons tressées de la tribu Dorze, vivant à l'ouest du lac de Chamo, dans les montagnes, ont presque 5 mètres de hauteur.

Page 78, en bas

Une case Anouak au bord de la rivière Baro, les murs sont enduits de glaise gravée.

Page 79,

Les chutes de Tisisat du Nil Bleu près de Baha Dar.

Page 80,

Scènes au marché de Harar.

Page 81,

Cette jeune fille de Harar s'est décorée les joues et le nez de grains de beauté. Les bagues sont en aluminium.

Page 82,

Bijoux en aluminium, jeune fille de Hamar.

Page 83,

Une rareté ethnologique: femme Moursis avec plateaux de terre cuite.

Page 84,

Colliers en poil de girafe et perles. Jeune fille Anouak au bord de la rivière Baro.

Page 85,

Danseur Anouak de Gambella (Ethiopie du Sud-Ouest).

Page 86, en haut à gauche

Jeune fille Jinka aux cheveux frisés et une frange terminée par des perles.

Page 86, en haut à droite

Coquillages d'escargots cauris cousus sur une peau d'animal et colliers de perles. Jeune fille Tsamai.

Page 86, en bas

Couple Nuer avec des tatouages typiques.

Page 87,

La coiffure de cet Arbore est en feuilles de bananier, les colliers de cuir et de perles.

Page 88, en haut

La coiffure artistique de cet homme Galeb est enduite de glaise et complétée par un plumet, symbole de son statut.

Page 88, en bas

Cet instrument sert aussi bien de siège que d'oreiller.

Page 89,

Homme Galeb à coiffure de glaise.

Page 90,

Garçon Arbor, le corps peint.

Page 91, en haut

Village de la tribu Arbore.

Page 91, en bas à gauche

Seules les femmes mariées ont le droit de porter ces chignons de chaque côté de la nuque.

Page 91, en bas à droite

Boucles d'oreilles en argent. Harar.

Page 92,

Colliers en aluminium et escargots. Jeune fille Harar.

Page 93, en haut

Jeune fille Boume. Elle utilise pour ses colliers et le décor de sa chevelure les mêmes petites boules de glaise. Rivière Kibish, Ethiopie du Sud.

Page 93, en bas

Jeune fille Harar.

Page 94,

Boucles d'oreilles en aluminium. Jeune fille Jinka, Ethiopie du Sud.

Page 95, en haut à gauche

Coffret d'amulettes et tatouage décoratif par cicatrices. Rivière Omo.

Page 95, en haut à droite

Anneaux de jambes en aluminium.

Page 95, en bas

Sorte de baudrier en coquillage d'escargots cauris, tribu des Hamars.

Page 96,

Peinture du plafond de l'église «Debre Berhan» près de Gondar, construit de 1682 à 1706.

Page 97,

Prêtre avec une croix de procession. Eglise Saint-Georges, Lalibela.

Page 98, en haut

Fresque au monastère «Zeghie», lac de Tana.

Page 98, en bas

Prêtre du monastère «Zeghie». Dans sa main droite il tient le Sistre (sorte de crécelle métallique). Dans la gauche, une sorte de crosse, symbole du guide que l'on retrouve dans les liturgies chrétiennes.

Page 99,

Croix de procession en argent.

LE LADAKH

Page 103,

Un Perak riche de ses turquoises et de son coffret d'amulettes en or.

Page 104, en haut

Le monastère Lamayuru situé dans un paysage sauvage de montagnes.

Page 104, en bas

Village près du monastère de La-mayuru.

Page 105,

«Stupa», bâtiment sacré, le plus important chez les bouddhistes.

Page 106, en haut

«Stupas» près de Leh.

Page 106, en bas

Monastère de Rizong.

Page 107,

Femme nomade Bukawal près de Dras.

Pages 108 + 109,

Deux différents genres de «Perak»

à gauche

Cette jeune fille de Leh le porte avec des boucles d'oreilles persanes et des oreillettes de mouton noir.

à droite

Femme de la région Mulbek. Le collier fait d'argent, coraux et turquoises.

Page 110, en haut

«Perak» de la région de Zanskar.

Page 110, en bas à gauche

Detail: bijoux en argent et en or.

Page 110, en bas à droite

Détail d'un «Perak» de la région de Mulbekh.

Page 111,

On voit des enfilades de corail qui symbolisent la Queue du «serpent Naga».

Page 112,

Femme Ladakhi avec son chapeau en feutre «Tibi» et son reliquaire «Ga'u» en or et incrustations retenu par un collier de perles de turquoises et de corail.

Page 113,

Femme de Zanskar, pauvrement habillée, mais avec un collier d'argent, corail et turquoise.

Page 114,

Femme nomade Gudschari au Zoji-la.

Page 115, en haut à gauche

Femme Ladakhi.

en haut à droite

Fillette Ladakhi.

en bas

Somptueux bijoux d'or, d'argent et de pierres d'une jeune fille Ladakhi.

Page 116,

Même les enfants Ladakhi ont le sens de la forme. Argent, coraux et lapis-lazuli.

Page 117,

Paysan des montagnes avec ses bijoux et son moulin à prières du Zans-kar.

Page 118,

Bijou en argent incrusté de pierres.

Page 119,

Boucles de ceinture ou d'épaule en laiton, argent et coquillages cauris.

LE NEPAL

LE RAJASTHAN

Table
des matières

Remarque: Les numéros de pages indiqués en paren-
thèse correspondent à des photos dans la partie
illustrée.

Indications photographiques:

Toutes les prises de vues ont été réalisées par l'auteur entre 1973 à 1984.

Les prises ont été faites avec un Rolleiflex SL 66, avec les objectifs suivants:
Objectif normal Carl Zeiss Planar
                    1 : 2.8 =   80 mm
Objectif grand angle
Carl Zeiss Distagon
                    1 : 4   =   50 mm
Télé-objectif Carl Zeiss Sonnar
                    1 : 4   = 150 mm
Télé-objectif Carl Zeiss Sonnar
                    1 : 5.6 = 250 mm

Films employés:
Ektachrome EPD 220, 24 DIN.

La photo à la page 26
(Jeune Fille Foulbé) a reçu
la Médaille d'Or à la manifestation
«Photokina» à Cologne en 1978.

Remerciements

Je remercie les Editions
Hans Schöner – et tout particulière-
ment Madame Elke Schöner et
M. Hans Schöner – pour leur efficace
collaboration qui m'a permis de
réaliser ce livre.

Extrait
de notre Programme:

Bijoux européens

De l'Historisme au Modern Style
Dr. Fritz Falk
Cette oeuvre comprend la période de 1850
à 1910 – 60 années qui sont considérées la
phase la plus créative du design de bijoux.
Format 23×25 cm, 160 pages avec 215
photos en couleurs.
Reliure en pleine toile et jaquette en
couleurs.
ISBN 3-923765-13-4

100 ans des design orfèvre

Walter Lochmüller
Un coup d'œil dans les coulisses de la
création de bijoux en tenant compte des
différents styles.
Format 23 × 25 cm, 206 pages avec 360
dessins de bijoux et 30 modèles en 82
planches en couleurs, papier à la main,
reliure en pleine toile avec empreinte dorée
et jaquette en couleurs.
ISBN 3-923765-01-0

L'art orfèvre

Reinhold Reiling
Travaux de 32 orfèvres européens.
Format 23 × 25 cm, 120 pages avec 32
dessins, 54 photographies noir et blanc, 73
photographies en couleurs de modèles et
objets.
Reliure pleine toile avec empreinte dorée et
jaquette en couleurs.
ISBN 3-923765-02-9

Theodor Wende, orfèvre hors du temps

Hans Schöner
Un livre pour tous ceux à qui l'art orfèvre
intéresse positivement.
Format 23 × 25 cm, 252 pages, 285 photographies, reliure pleine toile avec empreinte
dorée et jaquette en couleurs.
ISBN 3-923765-04-5

La mode à Paris de 1951 à 1981

Regi Relang et Marietta Riederer
Regi Relang parvint à photographier deux fois par an de 1951 à 1981 les collections printemps et automne de la Haute Couture à Paris.
Format 24 × 30 cm, 228 pages avec 290 photos noir et blanc, reliure en pleine toile avec empreinte argentée, sous jaquette.
ISBN 3-923765-00-2

La mode italienne de 1949 à 1981

Regi Relang et Marietta Riederer
Présentation de toutes les collections printemps et automne de l'Alta Moda à Rome et à Florence de 1494 à 1981.
Format 24 × 30 cm, 228 pages avec 266 photos noir et blanc, reliure en pleine toile avec empreinte argentée, sous jaquette.
ISBN 3-923765-05-3

Chapeaux fascinants

Regi Relang et Marietta Riederer
Chapeaux en mode au cours de 5 décades (1934–1984).
Format 23 × 25 cm, 144 pages noir et blanc, 16 pages à quatre couleurs avec 190 photos. Reliure en pleine toile avec empreinte dorée et jaquette en couleur.
ISBN 3-923765-12-6

L'ABC de la mode ou comment s'habiller avec assurance

Lorraine Johnson
Un guide important dans le monde varié et intéressant de la mode.
Format 22 × 28 cm, 191 pages dont 208 photographies en couleurs. Reliure avec empreinte dorée et jaquette en couleurs
ISBN 3-923765-08-8

Le parfum dans le temps

Emmy Huf et Rœlie Meijer
Un livre très spécial, un livre qui sent bon! Avec 11 petites bouteilles de parfums originaux.
Format 22 × 28 cm, 128 pages avec 78 illustrations en couleurs. Reliure en couleurs.
ISBN 3-923765-10-X

Grands Chefs d'orchestre et leurs ensembles

Ghislaine Juramie
Un livre non seulement pour les amateurs de la musique mais pour les amis de la bonne photographie.
Format 23 × 30 cm, 136 pages, 129 photos dont 41 en couleurs et 88 en noir et blanc, reliure en demi-toile et jaquette en couleurs.
ISBN 3-923765-07-X